VENTE

HOTEL DROUOT - SALLE N° 11

Mercredi 15 Novembre 1911

A 2 HEURES 1/2

EXPOSITION PUBLIQUE

Le Mardi 14 Novembre 1911

de 1 heure 1/2 à 5 heures 1/2

Tableaux Modernes

AQUARELLES - DESSINS - PASTELS

M⁰ André COUTURIER

COMMISSAIRE-PRISEUR

M. F. MARBOUTIN

EXPERT

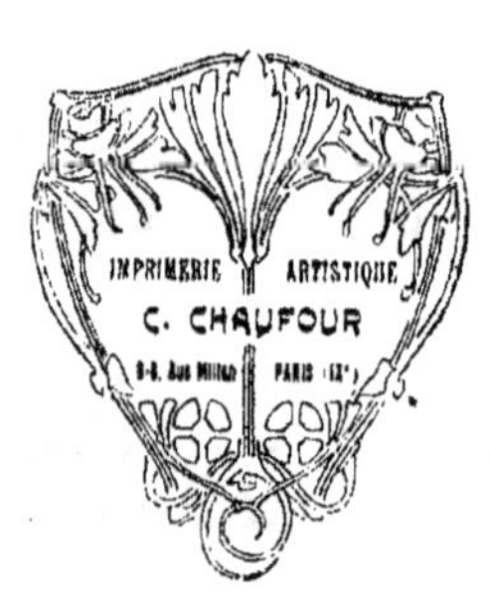
IMPRIMERIE   ARTISTIQUE
C. CHAUFOUR
9-8, Rue Milton   PARIS (IX°)

CATALOGUE

DES

TABLEAUX MODERNES

PAR

Anglade, C. Besset. Bompard, H. C. Delpy
Alf. de Dreux, H. Dupray, Garneray, Jacomin, Japy, Joubert
E. Lami, Gaston La Touche, J. Le Roy, Palizzi
C. Pujol, Quinton, L. Richet, Schulz, P Simons, Horace Vernet
V. Vignon, Ant. Vollon, Wilhems, Ziem, etc.

AQUARELLES

PASTELS — DESSINS

PAR

F, Bonvin, E. Boudin, Cicéri, Devéria, Ebner, Giraud
A. Guillemet, C. Guys, Lalanne, Lanoue, J. Noël, C. Pissaro
H. Regnault, Rops, Rossert, Van-Dongen, Veyrassat, etc.

CADRES

DONT LA VENTE AURA LIEU

HOTEL DROUOT — SALLE N° 11

Le Mercredi 15 Novembre 1911

A 2 HEURES 1/2 PRÉCISES

Mᵉ André COUTURIER	M. F. MARBOUTIN
COMMISSAIRE-PRISEUR	PEINTRE-EXPERT
56, Rue de la Victoire, 56	*2, Rue de Marseille, 2*

EXPOSITION PUBLIQUE :

Le Mardi 14 Novembre 1911, de 1 heure 1/2 à 5 heures 1/2

CONDITIONS DE LA VENTE

La vente aura lieu au comptant.

Les acquéreurs paieront dix pour cent en sus des enchères.

L'exposition mettant le public à même de se rendre compte de l'état et de la nature des objets, il ne sera admis aucune réclamation une fois l'adjudication prononcée.

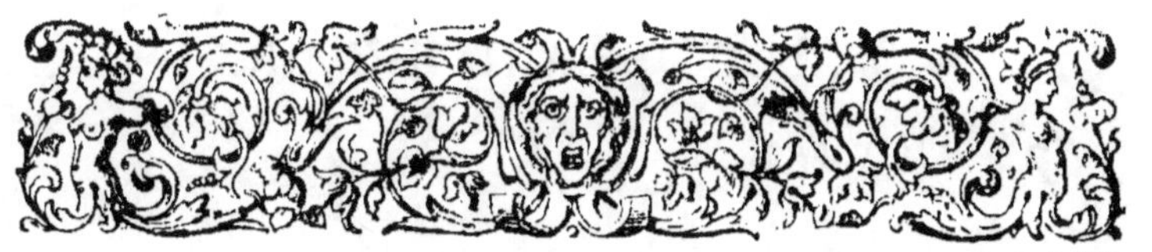

DÉSIGNATION

TABLEAUX

ANGLADE (Gaston)

1 — Bruyères en fleurs dans la Creuse.

BABINSKY (E.)

2 — Sourire.

BÉRAUD (Attribué à)

3 — Sur la Plage.

Monogramme J. B.

BERNHEIM (E)

4 — Pêches et raisins.

5 — Nature morte.

BESSET (C)

6 — Une rue à Nice.

BOC DE SAINT-HILAIRE

7 — Paysage.

BOMPARD (M.)

8 — Dans le vieux port à Marseille.
Etude.

CALVÈS (Marie)

9 — Chiens de chasse.

CÉLERIER

10 — Tête de jeune femme.

CORNILLIET (J.)

11 — Songe agréable.

COWER (H.)

12 — Printemps.

DELLA-ROCCA

13 — A la Bergerie.

14 — Moutons au pâturage.

DELPY (H.-C.)

15 — Le Soir. Marée basse.

DESMARQUAIS (H.)

16 — Huttes de bûcherons. Forêt de Saint-Germain.

DREUX (Alfred de)

17 — Cavalier.

DUPRAY (Henri)

18 — Dragon. Première République.

ECOLE 1830

19 — Un coin du port à Alger.

20 — Automne en forêt.

FLAMENG (Aug.)

21 — Marine.

GARNERCY (H.)

22 — La Vieille maison.

GAUSSIN (Ad.)

23 — Environs de Marseille, temps gris.

HUNT (G.)

24 — L'Accident.

INCONNUS

25 — Automne.
Panneau décoratif.
Monogramme A. G.

26 — La Petite Chercheuse d'épaves. Italie.

27 — Saint-Cloud. Matinée d'été.

28 — Pouzzoles. L'Amphithéâtre.

29 — Patinage en Russie.

ISAILOFF (A.)

3o — Canal à Venise.

31 — La Seine au pont Solférino.

32 — La Rue Saint-Lazare.

JACOMIN

33 — Cabanes de bûcherons. Effet de nuit.

JAPY (L.)

34 — Moutons au pâturage.

JOUBERT (L.)

35 — Le Village de Vétheuil.

KOVELACHEV

36 — L'Ouvrière.

LAMI (Eug.)

37 — La Présentation.
   Esquisse.

LA TOUCHE (Gaston)

38 — Un Vœu.
   Salon de 1884.

LE ROY (J.)

39 — Jeune chat.

40 — L'Espiègle.

41 — La Pelote de laine.

LÉVY (A.)

42 — Cavaliers Kurdes.

MIRO (G.)

43 — La Rue de la Paix. Effet du soir

MORIN (L.)

44 — Chrysanthèmes.

PALIZZI

45 — Berger gardant ses moutons.

PARYS (L. Van)

46 — Fantaisie.

PÉCRUS

47 — Le Port de Trouville.

48 — Les Ramasseurs de varech.

PUJOL (C.)

49 — Œillades.

QUINTON (Cl.)

5o — En Auvergne.

51 — Moutons au pâturage.

RICHET (Léon)

5a — La Chaumière. Matin.

53 — La Mare. Soleil couchant.

SCHULZ (Ad.)

51 — A Barbizon.

55 — La Mare. Forêt de Fontainebleau.

SIMONS (Paul)

56 — Une Rue à Martigues. Provence.

SMITH (W.-H.)

57 — Nature morte.

STEIN (Georges)

58 — Le Marché aux Fleurs.

59 — La Place du Châtelet.

60 — Effet du brouillard sur la Seine

TROUBETZKOY

61 — Coin de Parc à Londres.

VERNET (Horace)

62 — Arabe et son cheval.
     Etude.

VETTALY (J.)

63 — Aux Manœuvres.

VIGNON (V.)

64 — Pommes et pot à lait.

VOLLON (Ant.)

65 — Nature morte.

VOLLON (Alexis)

66 — Après la moisson.

WILHEMS (J.)

67 — San Giorgio et le Grand Canal à Venise.

68 — Le Voilier blanc. Venise.

ZIEM

69 — Chemin en Provence.
Etude.

ÉCOLE ESPAGNOLE MODERNE

70 — Un Pont à Venise.

ÉCOLE FLAMANDE

71 — La Forge.

72 — Intérieur.

ÉCOLE FRANÇAISE

73 — Bouquet de fleurs.

74 — Femme à la rose.

ECOLE FRANÇAISE XVIIIᵉ SIÈCLE

75 — Paysage d'Espagne.

76 — L'Assomption.

77 — Paysage avec personnages.

AQUARELLES

DESSINS — PASTELS

BONVIN (Fr.)

78 — Le Maréchal-Ferrant.

Dessin rehaussé.

BOUDIN (E.)

79 — Sur la plage.

Aquarelle.

80 — Marine.

Aquarelle.

81 — Sous bois.

Fusain.

CAILLE (Léon)

82 — La Jeune mère.

Dessin rehaussé.

83 — La Grande sœur.

Dessin rehaussé.

CICÉRI

84 — Paysage dans les Alpes.

Aquarelle.

DEVÉRIA

85 — Jeune femme.

Mine de plomb.

DREUX (Alfred de)

86 — Cavalier.

Aquarelle.

EBNER (L.)

87 — Le Halage.

Dessin.

ÉCOLE FRANÇAISE

88 — Sujet mythologique.

Encre de Chine.

ÉCOLE FRANÇAISE XVIIIᵉ SIÈCLE

89 — Baigneuse.

Gouache.

ÉCOLE HOLLANDAISE

90 — Le Gué.

Dessin.

91 — Étude.

Dessin.

FORTUNEY

92 — Au Restaurant.

Pastel.

93 — Aux Courses.

Pastel.

GERDERÈS (J.)

94 — Fleurs dans un vase.

Aquarelle.

GILDA

95 — Baigneuse.

Pastel.

96 — Au Bord de l'eau.

Pastel.

GIRAUD

97 — Personnage Henri II

Mine de plomb.

GUILLEMET (A.)

98 — Paysage.

Dessin.

GUYS (Constantin)

99 — Attelage.

Dessin rehaussé.

100 — Sur le trottoir.

Dessin aquarellé.

101 — La Calèche.

Encre de Chine.

HÉROULT (D.)

102 — Paysage avec personnages.

Aquarelle.

LALANNE (Maxime)

103 — Marine.

Fusain.

LANOUE (H.)

104 — Maintenon.

Pastel.

LÉPINE (S.)

105 — Paysage avec animaux.

Mine de plomb.

MANET

106 — Olympia.

Eau-forte.

MAUREL

107 — La Jeune mère.

Pastel.

NOEL (Jules)

108 — Paysage d'Orient.

Mine de plomb.

PASQUIER

109 — Flirt.

Pastel.

PATIANTI (E.)

110 — Forêt de Marbache.

Aquarelle.

PELLETIER (L.)

111 — Le Vieux château.

Aquarelle.

PISSARO (C.)

112 — Coin du marché.

Aquarelle.

PRACACCINI

113 — Têtes.

Dessin rehaussé.

REGNAULT (Henri)

114 — Lion couché.

Dessin.

ROPS (F.)

115 — Études.

Trois dessins.

ROSSERT (P.)

116 — Le Viaduc.

Aquarelle.

STEIN (G.)

117 — La Place du Carrousel.

Aquarelle.

118 — Le Pont-Neuf. Crépuscule.

Aquarelle.

VAN DONGEN

119 — La Toilette.

Dessin encre de Chine.

VEYRASSAT (J.)

120 — A l'abreuvoir.

Dessin à la plume.

CADRES

121 — Lo' de cadres dorés.

Sera divisé.

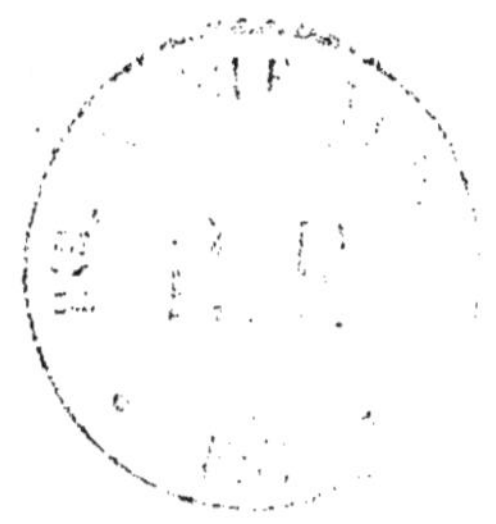